QUINO

Undécima edición: enero 1995

Ediciones de la Flor S.R.L.
Gorriti 3695, 1172 Buenos Aires, Argentina
Queda hecho el depósito que dispone la ley 11.723

Impreso en Argentina
Printed in Argentina

ISBN 950-515-612-X

QUINO

NI ARTE NI PARTE

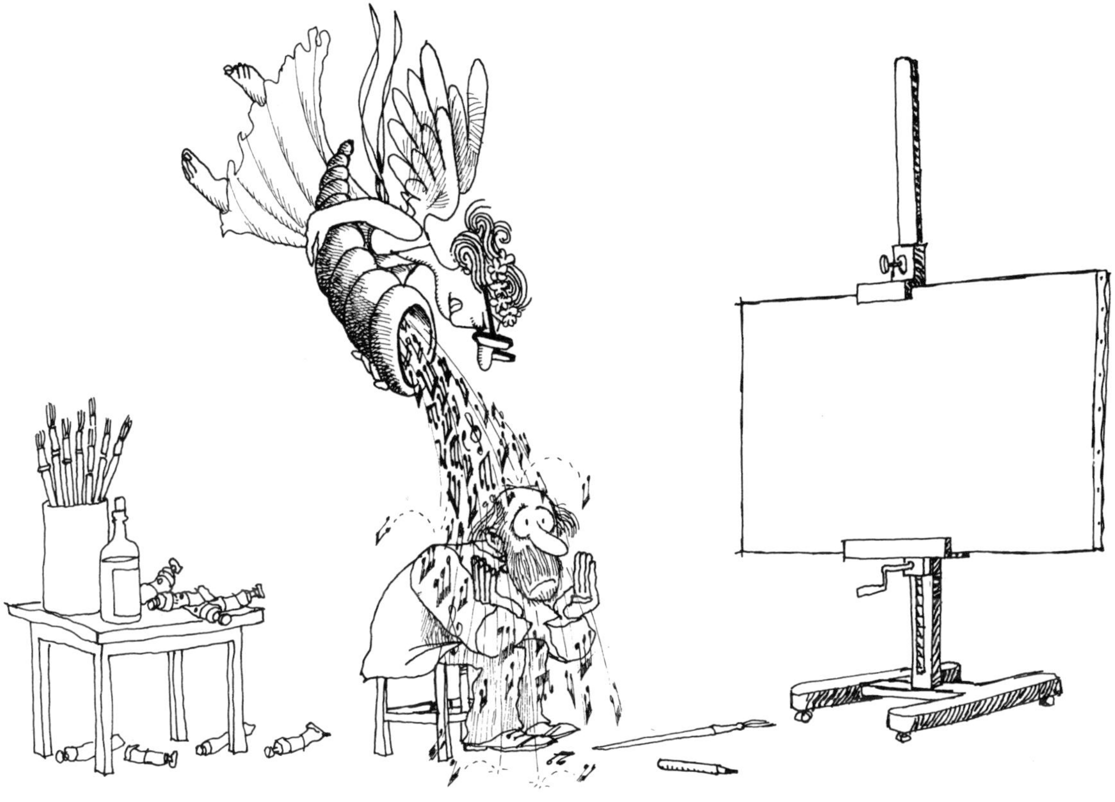

EDICIONES
DE LA FLOR

A modo de introducción

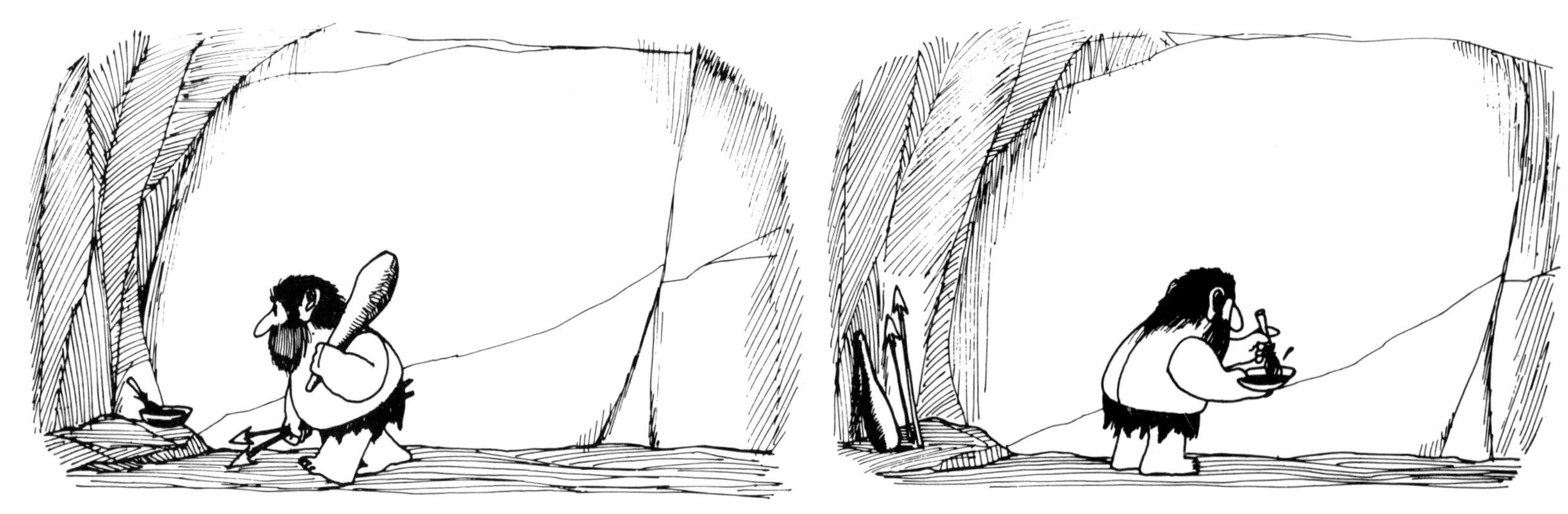

¡ESTAR ALMUERZO LISTO, GORDO INÚTIL!

Música

Johann Sebastian Bach

Johann Sebastian Bach
MAGNIFICAT
STEREO

Record
Playback
head

BOUM-BOUM!! HEIN?
JAWOHL, HERR KOMMANDANT!!
GUT!

RATAPLÚM-RATAPLÚM!! HEIN?
JAWOHL, HERR KOMMANDANT!!
GUT!

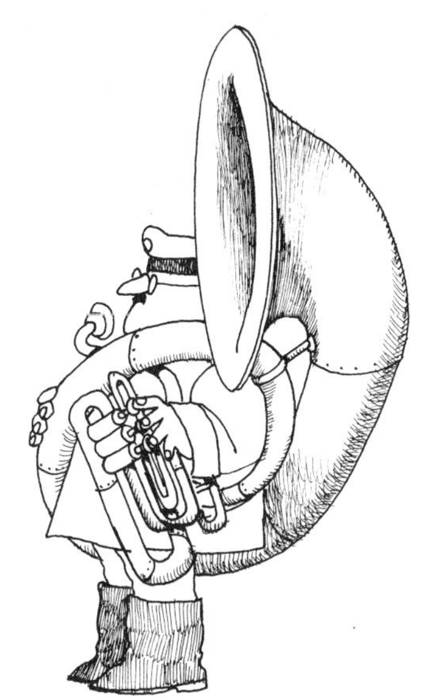

PORÓM-PORÓM!! HEIN?
JAWOHL, HERR KOMMANDANT!!
GUT!

TENGO UN SOBRINO QUE ESTUDIA FLAUTA Y NECESITA TRABAJO, ASÍ QUE EN EL PRÓXIMO CICLO SINFÓNICO TODO LO QUE SUENE
BORÓM-BORÓM
ME LO CAMBIA POR
TURIIIII-TURIIIII

VAMOS A ENSAYAR OTRA VEZ EL ALLEGRO MODERATO; PARECE QUE ALGUNOS TODAVÍA NO SE DIERON CUENTA QUE PARA EL CONCIERTO DE ESTA NOCHE QUIERO CUIDAR HASTA EL MÁS MÍNIMO DETALLE

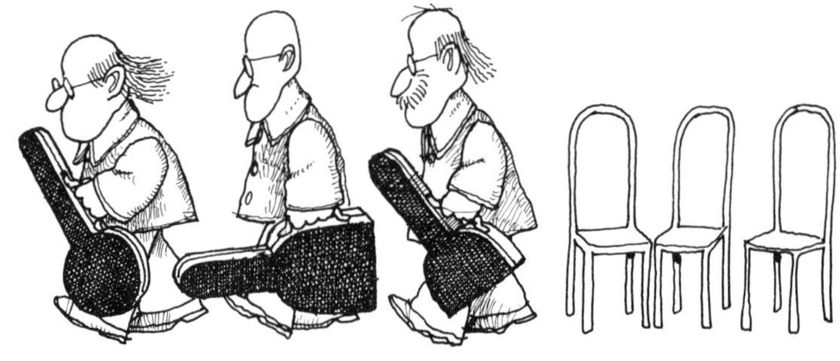

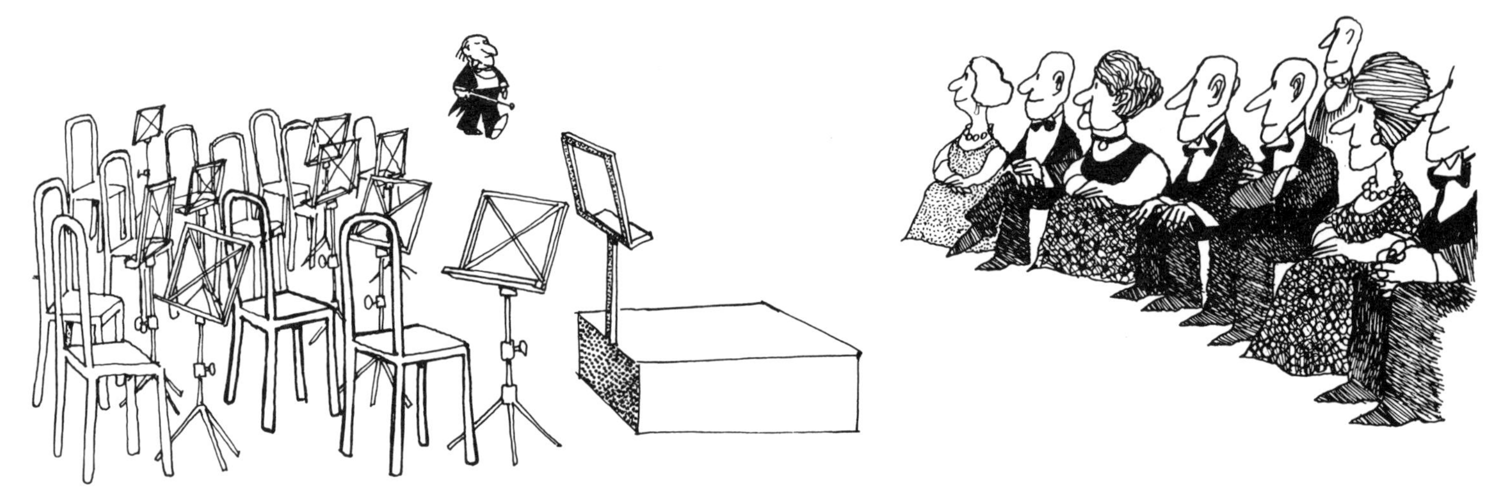

TÍK TÍK TÍK

VAMOS....VAMOS.... ¿QUÉ SABE LA GENTE LO QUE ES UNA BUENA CANTANTE DE ÓPERA?

TAXI
COLISEUM
CAMERATA DE VIENA
GEORG RODO
COLISEUM
ORQUESTA SINFONICA DE ME
COLISEUM
SERGIO MORESCU
ROMENIAN ENSEMBLE
MOZART · BACH
BEETHOVEN

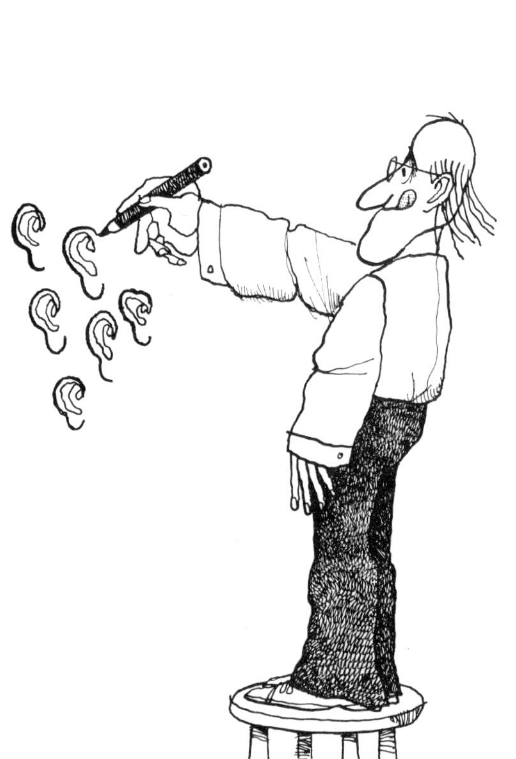

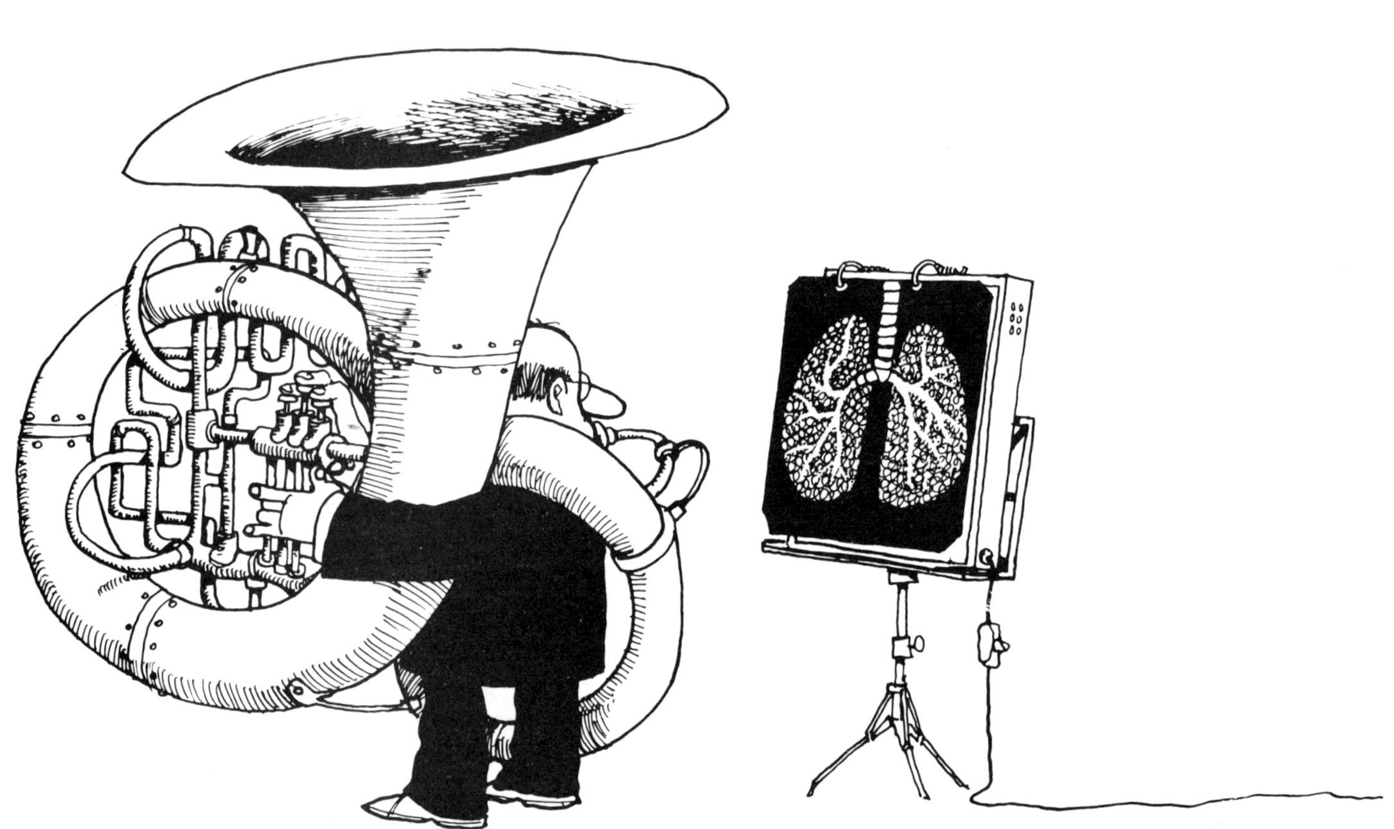

DNC
7

EL QUE SE ESTÁ VENDIENDO SENSACIONAL ES EL LP 6537 ESTEREO/MONOAURAL QUE EL SELLO "PHONO-DEUTSCH" ACABA DE LANZAR AL MERCADO CON MI CONCIERTO BRANDEBURGUÉS Nº3 EN SOL MAYOR

SILENCIO
HOSPITAL

Sbatex

Literatura

EDITORIAL

Capítulo XVII
El Conde Iatoslav lanzó
una estruendosa carcajada.
—Nunca imaginé que Olga
Ivánovna ~~pudiera~~ fuese
capaz de pensar tal cosa de...

BALZAC

Hans K. lutz

SEÑORITA, DON QUIJOTE DE LA MANCHA, POR FAVOR

EN ESTE MOMENTO ESTÁ EN UNA REUNIÓN, ¿UD. NO PODRÍA PASAR MÁS TARDE?

ARQUITECTURA
DANZA
CINE
DISEÑO
PINTURA
ESCULTURA
MUSICA
CIENCIA
TECNICA
OCULTISMO
HUMOR
COMIC
ED. LUJO
ED.BOLSILLO
BEST-SELLERS
FANTACIENCIA
BIOGRAFIA
ENSAYO
NOVELA
CUENTO
OESIA
EATRO
NTILES
DAGOGIA
INDUISMO
PANTEISMO
BUDISMO
ISLAMISMO
CRISTIANISMO
TEOLOGIA
FILOSOFIA
PSICOLOGIA
SOCIOLOGIA
ANTROPOLOGIA
GEOLOGIA
ECOLOGIA
MODERNOS
CLASICOS
VIAJES
MITOLOGIA
HISTORIA
ECONOMIA
POLITICA

N. BUUK
EDITOR

N. BUUK
EDITOR

Pintura

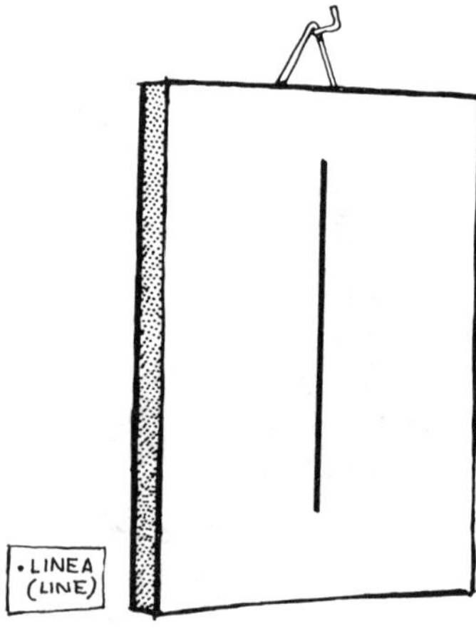

CLIK!

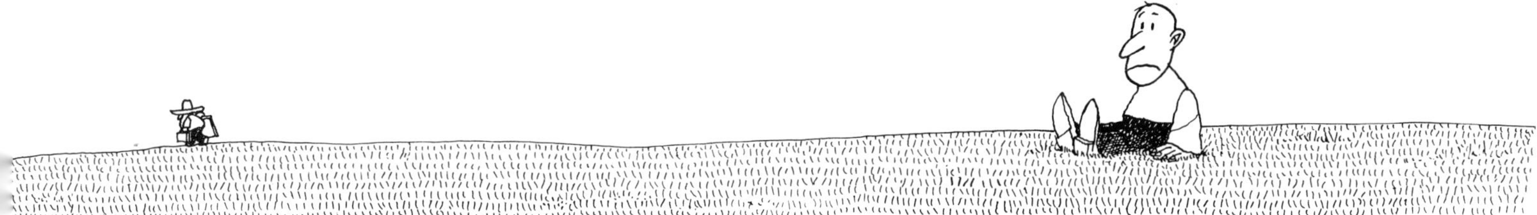

¿Y DENTRO DEL PANORAMA ACTUAL, DIGAMOS, USTED EN QUÉ LÍNEA VIENE A ESTAR?

¡LO FELICITO, TIENE USTED LA MAGIA DE CHAGALL!!...

...¡LA POESÍA DE RENOIR!!...

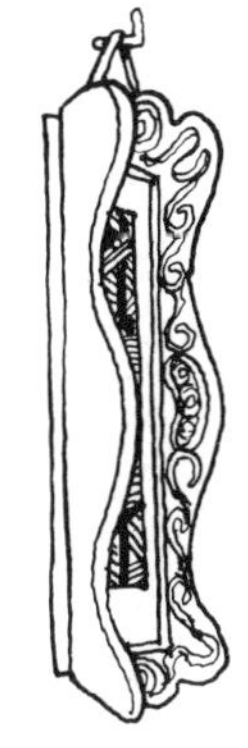

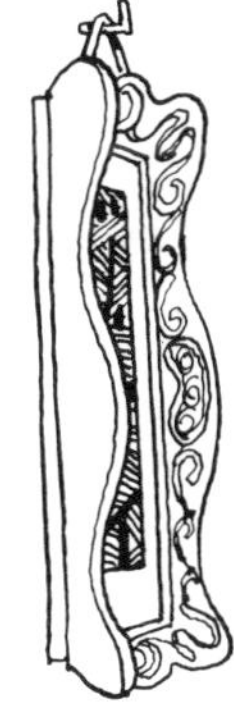

¡YO QUERÍA SER YO!

BOUTIQUE

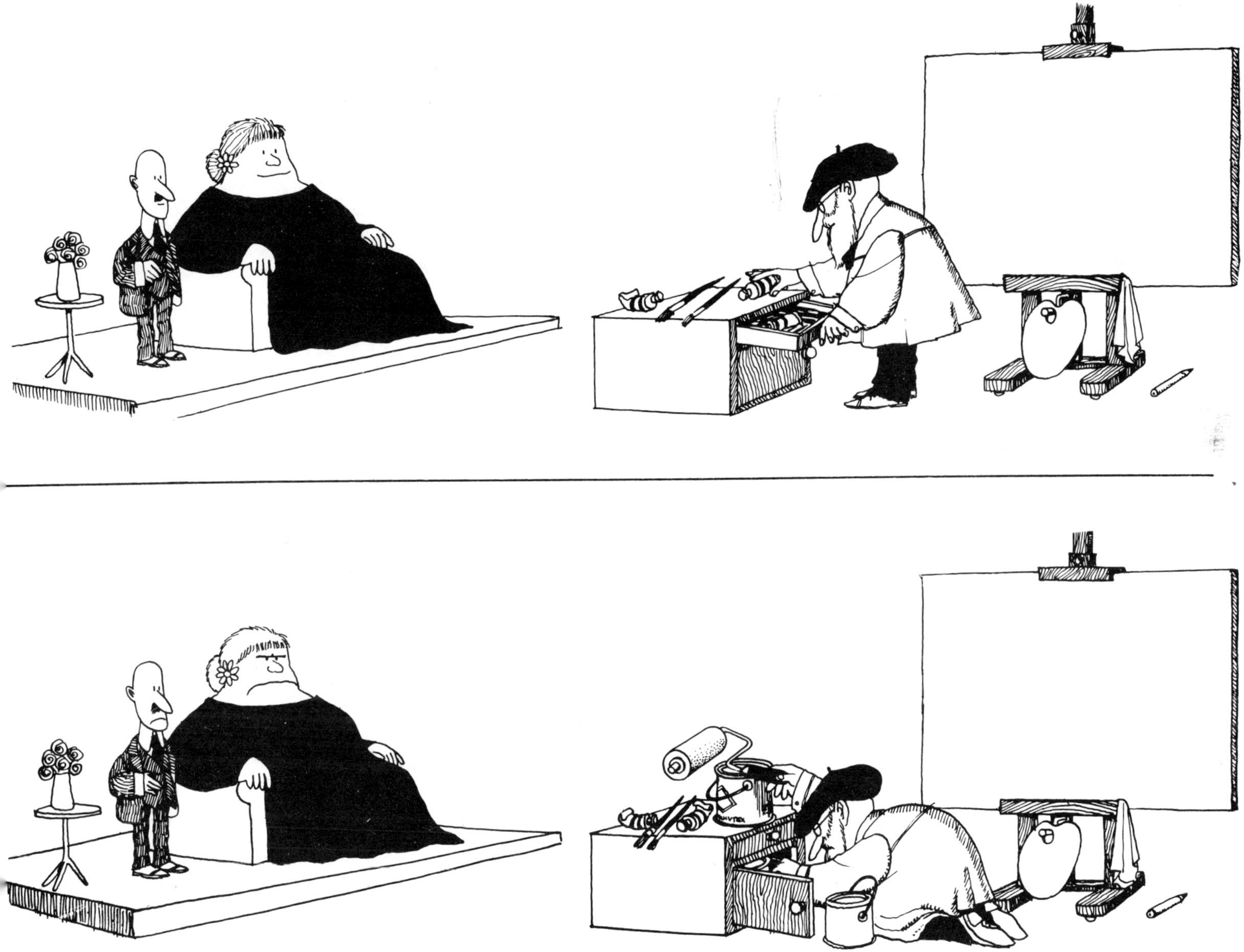

Escultura

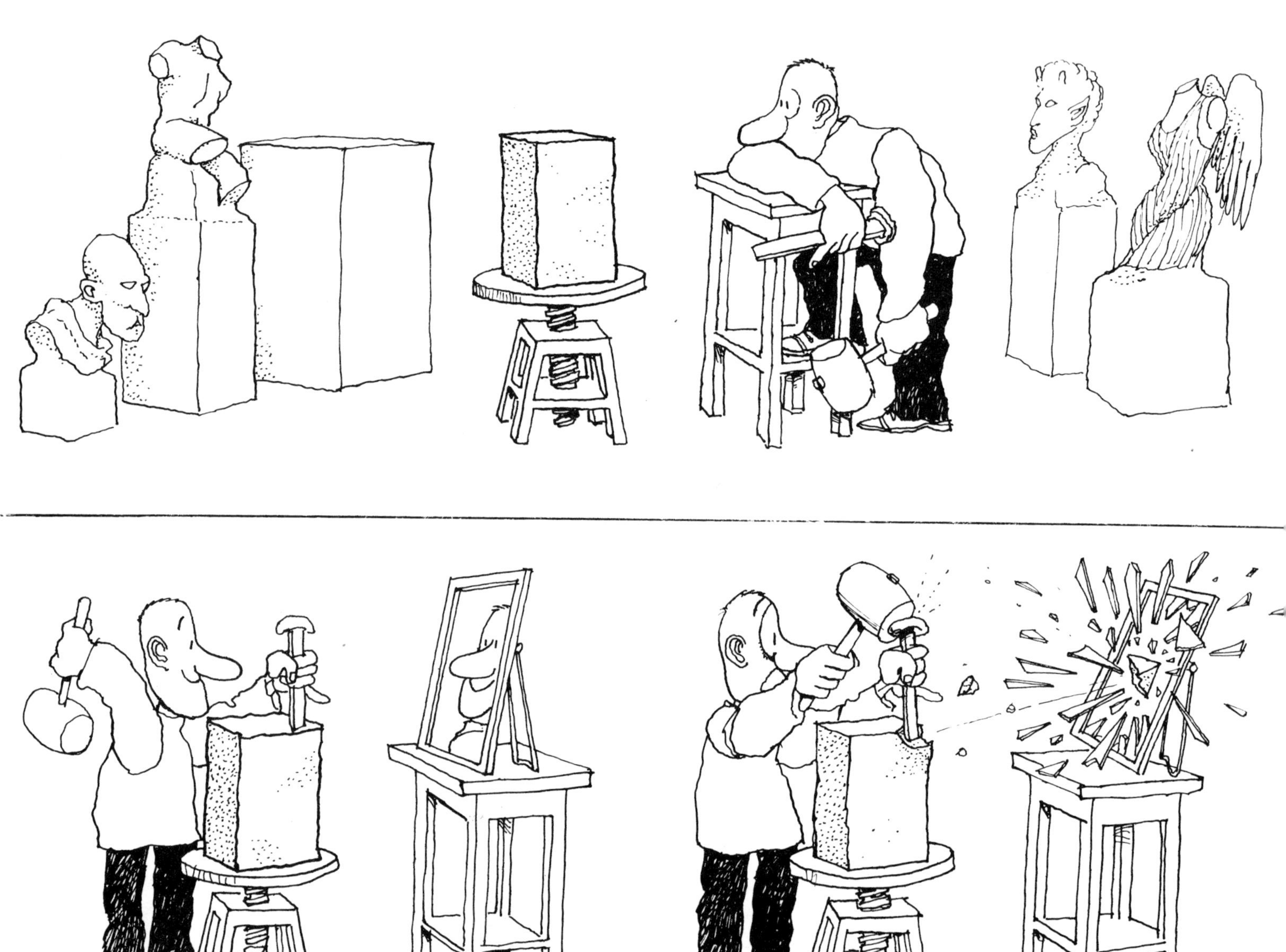

El arte del humorista

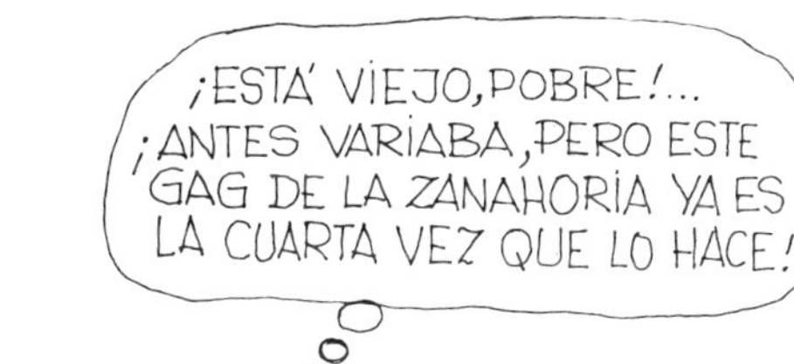

¡ESTÁ VIEJO, POBRE!... ¡ANTES VARIABA, PERO ESTE GAG DE LA ZANAHORIA YA ES LA CUARTA VEZ QUE LO HACE!

Se terminó de imprimir en :
"Impresiones Avellaneda S.A."
Manuel Ocantos 253 Avellaneda
en Enero de 1995